ESENCIAS DE SABIDURÍA

ESENCIAS DE SABIDURÍA

ALDIVAN TORRES

Canary Of Joy

Contents

1. Esencias de sabiduría   1

I

Esencias de sabiduría

Aldivan Teixeira Torres
Esencias de sabiduría

Autor: Aldivan Teixeira Torres
© 2018-Aldivan Teixeira Torres
Todos los derechos reservados

Este libro, incluidas todas las partes del mismo, está protegido por derechos de autor y no puede reproducirse sin el permiso del autor, revenderse o transferirse.

Aldivan Teixeira Torres, natural de Brasil, es un escritor consolidado en varios géneros. Hasta el momento, tiene títulos publicados en nueve idiomas. Desde principios, siempre ha sido un amante del arte de escribir, consolidó una carrera profesional desde el segundo semestre de 2013. Esperas con tus escritos para contribuir a la cultura brasileña, despertando el placer de leer en aquellos que aún no están acostumbrados. Tu misión es conquistar el corazón de cada uno de tus lectores. Además de la literatura, sus principales gustos son la música, los viajes, los amigos, la familia y el placer de vivir. Para la literatura, la igualdad, la fraternidad, la justicia, la dignidad y el honor del ser humano siempre» es su lema.

Esencias de sabiduría

Dedicación y gracias

Introducción

Textos

Parte II

El sentido de la vida

La situación actual

Reconoce a ti mismo, hombrecito

El destino
La compañía de los Ángeles

Dedicación y gracias

Dedico este pequeño libro a todas las almas sedientas de conocimiento y sabiduría. Tomemos por el momento adecuado para aprender del creador estas pequeñas lecciones porque todo viene de él.

Agradezco al señor de mi vida primero, a mi familia, a mis amigos y admiradores de mi trabajo como escritor. Me alegro por este nuevo proyecto.

Introducción

Esencias de sabiduría traen en sí una invitación para que profundicen en el conocimiento de su padre espiritual. A través de sus observaciones y consejos directos, el objetivo es transformar su realidad y empujarla para siempre. ¡Que tengas una buena lectura!

Textos

1. Somos seres espirituales y carnales. En la parte espiritual, estamos impregnados de tal magnetismo que podemos absorber las cosas malas y buenas que otros nos desean. Para evitar cosas malas, busquen protección espiritual de los seres de luz, y ellos les librarán de todo tipo de trampas. Para atraer cosas buenas, busquen mantener valores mundanos, una ética generosa y justa más allá de una caridad constante que ayude a los más necesitados. Siempre recuerda la ley del retorno, que es suprema en el universo.

2. Detener este tiempo de correr contra el tiempo buscando bienes materiales. Solo busca lo que se necesita para sobrevivir a ti y a tu familia. El poder y el dinero sobrepasado solo te harán daño. ¿Ves el ejemplo del millonario? Vive en cadenas detrás de muros poderosos, con el objetivo de proteger su fortuna y su vida de ladrones. Prácticamente no tiene vida social, no puede caminar por la calle libremente, no puede ir a una playa con su familia y vivir lleno de

miedo. ¿Es eso lo que quieres para tu vida? Piense cuidadosamente si no es mejor tener una vida simple, pero sea totalmente libre.

3. A su orden, los mundos fueron creados, elementos naturales y criaturas. Solo él es suficiente para toda la eternidad. Lo que parece imposible para el hombre puede lograr con mano fuerte y esperanza para su mejor proyecto para nuestras vidas porque es verdaderamente puro y completo amor. Por lo tanto, liberemos nuestros sueños en la dirección correcta y trabajemos para ser dignos de su misericordia.

4. Tú eres un Dios único. Sin embargo, hay muchas maneras de llegar a él. ¿Cómo sé si estoy en el camino correcto? Compruebe las obras y si son buenas, representa un lado divino. Sin embargo, recuerde que el hecho de que usted tenga una orientación no le da el derecho a despreciar a los demás.

5. No creas que Dios es un viejo barbudo que vive a través del horizonte. Dios tiene múltiples rostros presentándose en sus criaturas, haciendo la dirección de los más dignos. Por lo tanto, cada obra buena viene de él, de

su infinita generosidad y misericordia. También puedes estar representado por una legión de guerreros ligeros porque eso es exactamente lo que es, una unión de las fuerzas luminosas. Para complacerlo, siempre buscando crecer sus mandamientos pasados a través de sus profetas. Aquel que vive la realidad del Señor es siempre más feliz.

6. Dios es amor infinito. La prueba de esto son sus milagros a lo largo de la historia para la humanidad, siendo el más grande de ellos el nacimiento y resurrección de Jesucristo. Disfrutemos de este don concedido y honremos nuestra misión en la Tierra, objetivamente para estar preparados para su regreso.

7. El peor karma es insistir en acciones que no den resultados satisfactorios a nadie. Si quieres evitar ayudar al siguiente, no te metas con él. Destilando tu veneno, solo podrás regresar espiritualmente y hundirte en un abismo oscuro que tal vez no puedas salir. Piense bien en las consecuencias de sus acciones.

8. Tenga una buena disposición mental. Deberías saber que, si tienes que practicar el

bien estarás sintonizado con las cosas buenas, y, por consiguiente, verás luz pura. Es solo que le gustó el Señor dijo, golpear y ser abierto, buscar y encontrarse a sí mismo. Este es uno de los secretos de la verdadera felicidad.

9. Todo lo que buscamos no es una explicación lógica. La palabra de orden es fe que se puede creer y vivir, una realidad de la que muchas personas huyen. ¿Puedes ver el amor? No, pero puedes sentirlo. Lo mismo les pasa a las fuerzas benignas del universo, siempre están ahí para nosotros, y ni siquiera nos damos cuenta.

10. Conoced sabiamente, reconozcan al verdadero amigo. Un verdadero amigo es el que está contigo en buenos tiempos y malos. Él es el que no se cansa de guiarte e incluso pelearte cuando haces algo mal. Él es quien se preocupa por su bienestar y busca en la medida de lo posible estar presente en los momentos más importantes de su existencia. El amigo puede ser el Señor, sus padres, su familia, vecinos, o incluso desconocidos.

11. Entiende su importancia y posición. Re-

conocerse a sí mismo como el hijo de Dios e intentar entender su actuación en el universo. Deberías saber que a tu lado tiene un padre amoroso dispuesto a luchar por su felicidad. ¿Pero quieres hacer lo mismo contigo? ¿O renunciarás a los obstáculos? La forma en que actuamos es esencial para tener éxito.

12. La sabiduría del hombre no se mide por edad. Se muestra a sí mismo a través de obras consolidadas a lo largo de la vida. Es seguro que lo irrazonable no sostiene el tiempo, mientras que lo sabio permanece entre los grandes. Una vez, cierto, alguien me dijo que la sabiduría es tan grande como la intensidad de nuestra felicidad, y creo que es una gran verdad.

13. A lo largo de la vida, somos guiados por maestros carnales y espirituales. Su buena sabiduría para siempre escucharlos a seguir un camino tranquilo y exitoso en la Tierra. A cambio, también aprenden de nosotros en una relación múltiple. Esto demuestra la siguiente jerga: "Nadie es tan perfecto que no puede aprender, o lo suficientemente ig-

norante que no puede enseñarle lo suficiente".

14. Lo que Jesucristo propone a nuestras vidas es una sincera contrición a la verdad y a sus mandamientos. Al renunciar a nuestra individualidad, podemos finalmente tener la oportunidad de olvidar nuestros dolores más internos y borrar nuestros pecados.

15. Si estás de acuerdo con la voluntad del Señor, conocerás su palabra a la que producirás en contento, tranquilidad y sabiduría espiritual.

16. Todo tiene que estar bien. Saber hablar y saber cómo entender los motivos de los demás sin juicio te convierte en un buen amigo.

17. La esencia de la meditación debe aplicarse en cada situación de estrés, abriendo las posibilidades de resolver un problema importante sin desesperación.

18. Trabajar las buenas virtudes para que se conviertan en extensas y profundas como el océano. En un análogo, evite las cosas malas, suprimiéndolas para que no tengan más acción en su vida.

19. Sea guía al ignorante, de la misma manera que ayudaría a un ciego a cruzar la calle. Actuando así, el Señor ampliará su sabiduría haciendo lo imposible posible.
20. no permita que la rutina diaria produzca incredulidad en usted. Siempre crece la fe, y tus esfuerzos serán recompensados generando frutos consistentes.
21. el secreto del conocimiento es seguir las enseñanzas del Señor. Él hará los justos pozos de inteligencia con conocimiento, capaz de saber todas las cosas.
22. El aguijón de la muerte no podrá destruir el amor ni la dignidad del hombre. Te llevarán contigo dondequiera que vayas porque donde sea que tu tesoro esté allí también estará tu corazón.
23. El enemigo lucha por bloquear el camino de los fieles, pero tienen un poderoso abogado que dirigió todas las dudas junto con su padre. Nos llevará a una tierra donde corren leche y miel.
24. La familia es nuestro bien más grande. Cuando está en crisis, debemos intentar rescatarla de todos los medios.

25. Haz las buenas obras y a cambio, recibirás honor, éxito y felicidad. No hay fórmula mágica, ningún camino listo para ser justa. Es para cada uno descubrir en su realidad la mejor manera de cooperar para un universo mejor honrando su misión en la Tierra. Sea paciente y tolerante en cada situación te mantiene controlando tu vida. Siente el aspecto espiritual del universo, asociándose con él, buscando otra cosa. Esta fuerza se llama Dios y está listo para ayudaros en cada momento de vuestra vida.

26. Nota el poder y el amor del creador. Quien haya creado el universo a través de una palabra simple es capaz de hacer mucho por ti. No te deprimas tanto. Su importancia es demasiado grande para el equilibrio del planeta, independientemente del grado de su responsabilidad. Hacer a las pequeñas cosas grandes oportunidades de conocimiento.

27. Trate de ser un ciudadano de bien a tiempo completo. No es sacrificio ser amable, dar un buen consejo, hacer una caridad, ser un compañero, ver a los enfermos, tener un

compromiso religioso, hacer que valga sus derechos y deberes. Ser apóstol del bien no es una obligación porque cada uno tiene su propio libre albedrío, pero debe ser un objetivo para aquellos que anhelan la felicidad en este mundo.

28. ¿Conoces el secreto de la felicidad? Mantén tu mente fuera de las carreras del mundo. La modernidad y sus dispositivos tecnológicos revolucionaron nuestro modo de vida y comunicación entre las personas. Sin embargo, llega un momento en que nos ahoga. Así que, si pudieras dejarlos por unos momentos, sentirás algo nuevo, una paz completamente abundante. Hazlo y vea lo satisfactorio que es para tu bienestar mental.

29. ¿Cómo conozco a Dios? ¿Cómo interpretar su deseo en nuestras vidas? Primero, es importante descartar convenciones falsas que generalmente aceptan la mayoría de la gente. No esperes que el padre espiritual esté distante en una silla hecha de oro. El Señor de los ejércitos está en los barrios marginales, en los hospitales, en el hogar de an-

cianos, en los sindicatos familiares, contigo y en todas partes que te invocan. El espíritu es esa pequeña voz que te aconseja y te conduce. Así que, pensar así hace mucho más fácil entender que entiendes tu papel en el mundo. Nunca dejes de seguir tu intuición.

30. El conductor desempeña un papel especial de gran responsabilidad ante Dios. Es responsable de conducir vehículos, moviendo gente de lado a lado. Así que, tienes que cuidarte, no tomes drogas antes de conducir, caminar a una velocidad moderada, para que puedas controlar el coche en caso de eventualidad y respetar las leyes del tráfico. Tómate tu tiempo para llegar al destino porque el tiempo es una ley relativa.

31. Vosotros que sois un anciano retirado o joven sin trabajo fijo, buscad ocupar vuestra mente con cosas creativas. Lo importante es sentirse útil en alguna actividad que proporcione placer y reconocimiento. Tomen esto como un buen ejemplo de mi caso, soy escritor, empleado público y ama de casa con cada uno de ustedes ocupando un espacio en mi agenda. También conozco a personas

que tienen tres trabajos fijos, estudios y todavía trabajan en casa. Aunque no se recomienda tan altamente tal carga de trabajo, lo peor sería estar estancado esperando que sucediera un milagro en su vida. No es así como funciona porque solo tenemos éxito si nos atenemos a nuestros proyectos. Con una buena dedicación, podemos esperar a que la bendición de Dios ayude a cumplir nuestros planes.

32. Si quieres que algo se haga bien, hazlo tú mismo. No esperes que el otro sea el más capaz de hacerlo por ti. Sea proactivo, tomando las riendas de la línea espacio-tiempo en su historia.

33. Mientras los necios utilizan su fuerza para oprimir a los justos, esto conserva la sabiduría y la sumisión al Señor. En el momento adecuado, el segundo se levantará de la jerarquía y permanecerá entre los grandes. A cambio, el primero cosechará los frutos de su tontería.

34. La mentira tiene dos puntos de vista. En un tiempo calma el corazón haciéndonos creer en un mundo lleno de cuentos de hadas.

Pero no te sostienes cayendo en tierra. Cuando eso ocurre, hay un gran dolor inevitable. Es cuando nos damos cuenta de que lo mejor de todas las cosas es la verdad, tan difícil como sea. De hecho, el corazón de Dios reina y establece, porque la justicia está en ella.

35. Maldita la calumnia y la calumnia. Si tiras la lengua o si no todo el cuerpo será quemado en la oscuridad. ¿Por qué no te metes en tus asuntos? Si quieres criticar, mírate primero y reconoce tus fallas. ¿Quién eres tú para juzgar al siguiente?

36. Esta es la promesa de Jesús a todos los que siguen sus mandamientos. Ven a ser parte de esta nueva realidad espiritual, recordando a ti mismo que ya no requiere ningún sacrificio doloroso por tu parte porque fue consumado en la cruz.

37. El cielo es el conjunto de innumerables realidades espirituales. También podemos decir que no hay un camino específico para llegar a Dios. Cada hombre es un camino de acuerdo a su peculiaridad y como su dig-

nidad tendrá el plan espiritual apropiado para su evolución.

38. La mayoría de las entradas son nuestra creación subconsciente generando el miedo a enfrentarlas. Por duro que sea el problema, sabes que hay una solución para él. No hay forma de morir.

39. Dale al Señor gloria por todo lo que ha sucedido en su vida. Es un padre amoroso y generoso que reina en nuestra existencia. Nunca cometas el error de asignar a Dios la responsabilidad de las cosas malas. Dios no tiene nada que ver con esto. Los casos de fortuna son consecuencias de nuestras elecciones generadas por el libre albedrío. Sé justo en tu análisis.

40. Todo lo que está la manifestación del Señor, dando honor y gloria a su nombre. Son perfectas sus leyes y rectas sus caminos. Por eso es el Señor de los Ejércitos.

41. Haz tu trabajo con dedicación y garra, y he aquí que tendrás una posición destacada. Nunca uses tu posición o influencia para dañar a nadie porque la justicia te llegará donde estés.

42. Trate de limpiar periódicamente y limpiar el cuerpo y el alma. Son terminados del ciclo, necesarios para despejar tu mente para llegar a vuelos más altos. Recuerda que el rencor y el pecado te mantienen alejado de Dios.

43. Planta y cosecha los frutos merecidos de tu obra. Así que también sucede a nuestros trabajos porque solo conseguimos lo que damos. Si tus obras son buenas, los resultados también lo serán.

44. Buenos valores de tal manera que sigan los mandamientos dejados por el Espíritu Santo. Es una forma difícil, pero vale la pena porque va a ser tu línea de vida.

45. La mejor manera de alabar al Señor es ayudar con actos y palabras que más necesitan en este mundo.

46. Nadie conoce a Dios, sino a sus hijos amados. Es a través de ellos que podemos entender un poco de la grandeza del corazón del padre celestial. Básicamente, sus leyes se resumen en mandamientos y en las leyes del sentido común. Sigue la buena ética y entonces todos tus trabajos serán bendecidos.

Eso no significa que tu vida sea fácil. Nuestro paso en la Tierra es un reto constante, y un sentido común de control es esencial para nosotros no perder nuestro curso. ¡Buena suerte a todos mis hermanos en el corazón!" Dios mío.

47. A pesar de la grandeza y la extensión del universo, nada pasa desapercibido según el creador. Con orden y gloria soberanos, actúa en cada dimensión que existe, representada por sus mensajeros. En cuanto a él, es un incógnito para la mayoría de la gente. Pero para mí, no lo es. Conocí su rostro, su bondad y protección en el momento más difícil de mi vida, un momento en que llamo la noche más oscura del alma. Fue un período de pecado y eliminación del bien lo que me inspiró a escribir el segundo capítulo de mi serie principal. Aunque triste, confundido y complicado aprendí y fue preparado por lo divino para una misión más grande que es exactamente, participar en el mundo literario con la construcción del ser humano para evolucionar hacia el camino del padre. Este proyecto sigue siendo embrionario,

pero gradualmente, atraerá mi misión en la Tierra. Espero poder contar con su apoyo en este importante intercambio de conocimientos. ¡Muchas gracias a todos los que me acompañan!"

48. No hay manera de que un hombre pueda ser consciente de lo que sucede o de lo que conoce la propiedad de su padre. Por mucho que busquen y busquen, nunca lograrán la verdad completa. Esto sucede para que nuestro Señor sea respetado para siempre. Debemos someternos y rendirnos a este inmenso poder creador porque sabe exactamente lo que es mejor para nosotros. Haz lo que hago y gira la página de tu vida.

49. igual que el agua del río sigue la corriente, que sea llevada por el destino. Quieres evitar nadar contra la corriente porque esto solo te traerá malos resultados. Lucha por tus metas, pero sepa que la palabra final viene de Dios.

50. Hay muchos que se llaman sabios, pero en verdad todos son unos tontos. En frente de Dios, no hay poder, ciencia o sabiduría. Todas las cosas buenas vienen de él derramán-

dose por los mortales que merecen. Pero nunca quieres ser más de lo que realmente eres. Se llama humildad.

51. Todo el entendimiento del infinito está en Dios. Sabiduría infinita, amor infinito, misericordia, generosidad y protección. Para ser humano, solo tienes una conciencia de tus acciones buscando reparar tus errores apuntando a la evolución espiritual.

52. Muchos estudiosos estudian los límites del universo que no tienen éxito. ¿Por qué no estudiar tus límites? De esta manera, buscar algo palpable se hace más fácil analizar las relaciones entre los demás y los demás. Esto es mucho más importante que buscar cosas vanas que no están a nuestro alcance.

53. El único grande es el Señor, que merece por derechos todo honor, gloria y adoración. Desde el cielo, derrama su gracia a sus fieles de su corazón. Haz, pues, obras compatibles con este regalo.

54. Si buscamos buenas obras, nuestra vida se llena de vibraciones positivas, optimismo y felicidad. De lo contrario, la noche oscura se llena de nuestra alma. Aunque esta última

opción es mala, el ser humano es totalmente libre de decidir su camino.

55. El mayor de las personas se vuelve desagradecido de no reconocer las buenas obras de su padre espiritual en su vida, permaneciendo en la inmensa búsqueda de querer cada vez más. Todo esto es fugaz, siendo una raza inútil. Para el hombre, preocúpate del presente, porque mañana solo Dios pertenece.

56. En el establecimiento están los dones del Señor y pocos que se aprovechan de ellos. Sean como el ejemplo del buen sirviente que crece buen talento y los multiplica por tres. No actúes como el desagradecido sirviente que entierra sus regalos.

57. El siervo no es mayor que tu señor, pero si haces un buen trabajo, puedes conquistar tu confianza y ser considerado tu hijo.

58. Tengo a mi disposición una multitud que me adora y me glorifica. Así que, a pesar del enemigo que lucha, no puede tener éxito en sus proyectos. Por lo tanto, resulta que mi soberanía sea respetada por todos.

59. Creé todo en el universo visible e invisible.

Todos me deben vida, honor, gloria y adoración. Esto no es más que gratitud sincera. Sin embargo, muchos prefieren ir por su propia manera sin escuchar mi consejo interno alejándose de mi convivencia. Aun así, tengo esperanzas de que, con las circunstancias, pueda recuperar tu alma. Sin embargo, te dejé completamente libre para decidir lo que quieres porque te amo con todo mi corazón, pensamiento y alma.

60. Deja que la vida te lleve a caminos más definidos. Piensa, piensa y atrévete. Valorar las cosas buenas de la vida. Perdonar y amar más.

61. No hay justicia y misericordia mayor que la mía. Actúo así porque sé exactamente lo que pasa en el fondo de cada corazón humano. No trates de engañarme con falsas promesas porque solo ilumina mi ira. Quieres evitar abusar de mi paciencia, porque no te gustará. Mi mano es muy pesada cuando la quiero.

62. La belleza es importante cuando viene de afuera. No te apegues a la ilusión de una figura bonita, sin embargo, pobre espiritual-

mente hablando. Todo lo que es tierra pasa por quedarse las buenas obras.
63. Canta al Señor un nuevo canto lleno de respeto y adoración. Nada más justo que alabar a las personas que nos criaron y nos protegen continuamente de los peligros.
64. El amor es la fuerza más creativa existente, que nos acerca a Dios. "Amar al siguiente sin esperar retribución y sin expectativas.
65. Nadie vive sin sueños. Mira, para, planea, actúa y cultiva tus deseos. Ser noble, se convertirán en realidad para su esfuerzo.
66. Aunque existe una jerarquía en las relaciones humanas, no siempre debemos obedecer a nuestros superiores. Dice que el servidor público debe ser estrictamente la ley. Si no es obligatorio, no tenemos que obedecer, aunque sea el presidente de la República quien nos ordene.
67. Conocí a mi padre espiritual en uno de los momentos más difíciles de mi vida. Era el único que confiaba en mí cuando me arrojaron a un abismo profundo y oscuro. A través de su ángel, me sacó de allí y empezó a enseñar un poco de sus valores. Con el

tiempo mirando a mi alrededor, podría aprender aún más sobre él. Puedo decirles que es un padre, generoso, humano, compañero, apoyo, tolerante, justo y misericordioso padre que realmente se preocupa por nosotros. Me adoptó como hijo y me convirtió en un hombre digno porque le di mi causa. Hazlo también, y verás cómo cambiará tu vida por completo.

68. Aunque Dios es el ser más supremo del universo, podemos acercarnos a él como niños. Adoptando valores morales y ética consistente, podemos estar orgullosos de ser llamados "Hijo de Dios" en su sentido más significado.

69. Siempre cree en su potencial, luchando valientemente por sus sueños. Dios nos dio suficiente sabiduría para construir nuestra identidad y transformar relaciones. Para tener éxito, es necesario, porque primero tenemos el espíritu de paz y caridad con nosotros. El bien que quieres para ti, haz los demás, y entonces habrás encontrado el secreto de la felicidad.

70. Mantente en cualquier situación. Tantos

problemas como tengas, levantan la cabeza y sigue adelante. Encuentra soluciones y el Señor Dios te ayudará. Recuerden que lo imposible no existe para él realizar en sus verdaderos milagros notables.

71. aprender a ser feliz. La felicidad no es más que una conciencia del espíritu. Encuentra lo que te falta en la naturaleza, en relación con ti mismo, con Dios y su pareja. Acéptense con sus faltas y cualidades al no crear expectativas hacia los demás. Esto evitará sufrimientos innecesarios.

72. Nunca felicites a un hombre por su belleza porque es un pasajero. Lo que realmente importa de él es el carácter, los conceptos morales y éticos que conducirá a toda su vida.

73. Medir tus palabras, para que no te lastimes. Si no puedes ayudar, no te interpongas en el camino de dejar que el otro sea feliz a tu manera.

74. Por su poder y soberanía, controla el universo con una mano de hierro. Aunque es tan poderoso y tan grande, se preocupa por cada uno de nosotros. Él te hace querer

unirte a su reino en comunión con sus benditos hijos. Sin embargo, esta elección es tuya solo por el libre albedrío. Nunca te hará amarlo.

75. La misericordia de Dios es tan grande como la extensión del universo. Sin embargo, no es una justificación para seguir pecando. Enderézate tan pronto como tengas una vida feliz.

76. La estructura del universo es magnífica, con cada elemento de este desempeño una función importante. Así que ocurre en los reinos espirituales y carnales. Pronto, cuando te sientes deprimido, piensa que tu presencia es significativa para alguien.

77. El trabajo es fundamental para que el ser humano crezca y tenga dignidad. Huir de la mente abandonada a Dios, ir al gimnasio, estudiar las actividades saludables y agradables, caminar, escuchar música, viajar, viajar con amigos, hablar con personas de confianza, ir regularmente al gimnasio, estudiar las actividades saludables y agradables, orar duro por ti y por tu próxima y excluir tu vida, lo que te hace enfermo. Actuando

así, las posibilidades de que se sienta pacífica y feliz serán mayores.

78. Salud a tu corazón de tal manera que la vida sea luz. Llévate tu mente, todo lo que contribuye a la tristeza y al dolor. Olvida el odio, el resentimiento, la pérdida y el fracaso. Si crees que, tomando un nuevo camino, las cosas mejorarán para ti. Recuerda, cada vez que hay una manera y una salida excepto la muerte.

79. que te convierte en guerrero no es el número de guerras que ganaron, sino que cuántos obstáculos han superado.

80. La educación es clave para insertarse en el mercado de trabajo y construir una personalidad ética y de reputación.

81. Haced vuestro paso en la tierra un momento de adoración al Señor. Construyendo un conjunto de buenas obras, tu alma logrará la luz y la paz necesaria para tu bienestar.

82. No hay tierra media. O estás del lado bueno o del lado oscuro. Esta es la consecuencia del libre albedrío que da al hombre.

83. Ser un héroe no es conseguir algo fantástico. Ser un héroe está luchando por tus sueños

en un país donde la inversión cultural es precaria. Pero debes resistirte y seguir luchando.
84. Da alas tu voluntad. Libera tu ser interior para que los obstáculos del camino no te hagan renunciar. Incluso ante una gran dificultad, mantengan la fe.
85. busca humildad y simplicidad. Lo sublime viene de esa esencia del ser. Muestra en tu pequeño tamaño el tamaño de tu grandeza.
86. El valor del hombre está en su autenticidad. Ser auténtico es tener un patrón de comportamiento definido con valores honestos. Recomiendo encarecidamente los mandamientos y las leyes divinas dadas por Dios a sus profetas.
87. ¿Quién amaba o amaba verdaderamente? Debes reflexionar y observar todo lo que nos rodea. Digamos que reconocemos el amor a través de signos. Las personas que realmente te aman siempre están ahí para ti en buenos y malos momentos, aunque de vez en cuando no eres la razón completa. Quien te ama descubrirá lo peor, y sin embargo continuará amándote e identificando

con tus faltas y cualidades. Quien te ama siempre apoya tus resbalones, no espera el momento adecuado para abrazarte y decir que te aman. Quien te quiera sabrá perdonar y recíproco merecerá ser perdonado en tus fracasos. Quien te ama siempre te creerá en cada situación. Así que nunca decepcionó al ser querido.

88. El verdadero amor es raro de encontrar, es mucho más difícil que ganar la lotería federal. Sin embargo, nunca te rindas. Amarte primero para que otros tengan la oportunidad de amarte.

89. La felicidad es algo que viene desde el interior hacia fuera y no al revés. La felicidad es disfrutar de la vida es en el trabajo, en viajes, con familia, amigos, leer un libro, escribir una historia o luchar por un sueño. Lo importante es seguir adelante, incluso en derrotas.

90. Dios nunca viene de nosotros. En ningún momento, deja de cuidar de nuestro dolor y dificultades, demostrando un verdadero amor paternal. En lugar de pedirle cosas, agradecérselo por lo que tiene.

91. Vigila el mundo. Los lobos están acechando alrededor de su vida alrededor de cada esquina de la calle enfrente. Solo quieren ver su desgracia, prácticamente ninguna esperanza para un mundo poblado por criaturas malvadas. A cambio de este comportamiento, hazlo de manera diferente. Cuídate, tu familia y tu cercanía para que todos reconozcan tus obras. Sed apóstol del bien siempre, y entonces el reino de Dios será una realidad en vuestra vida.
92. Ejemplos de eso son la fe, Dios, y el amor. Todos existen, pero en la tierra no tenemos una visión clara de ello. Intenta entenderlos a través de sus reacciones.
93. No hay otra fuerza o poder digno de admiración en todo el universo. Así que no tengas ídolos antes que tú.
94. Tener la meditación como una buena práctica de relajación y reunirse contigo mismo. Haz esta actividad cuando buscas algo de paz.
95. Profesor, tenga en cuenta que su profesión es noble y honorable. A través de la educación, todos los profesionales se forman,

desde el presidente hasta el limpiador. Así que estén orgullosos de lo que hacen.

96. Modificar su bondad y generosidad ayudando a todos los seres vivos. No hagas el bien por obligación, hazlo por sentirte bien sin esperar a que te retribuyas. Los honores y glorias os serán dados en el reino de los cielos.

97. Nada o nadie puede detener su felicidad. Si estáis del lado del bien, ciertamente recibiréis las bendiciones del cielo para que vuestra vida progrese en todos los sentidos. Así que mantengan la calma y fieles siempre.

98. ante el Dios bueno, tienes valor y por tu merecido recibes protección divina. Sabe disfrutar de esto para que pueda alcanzar todos sus objetivos.

99. ¿Dónde están tus tesoros? Piensa exactamente lo que te conviene. En mi caso, mi felicidad viene del trabajo, de los vivos, de la lectura, de mis libros, de los viajes, de mis buenas obras y de la vida misma. Si pensabas similar a mí, entonces tu causa antes de que Dios ya sea ganada, porque tu camino se desbordará en el reino del padre. Su felicidad,

armonía y paz prevalecerán en su existencia para siempre.

100. Los humildes serán exaltados, mientras que los orgullosos serán humillados. Dos opuestos que realmente demuestran cómo padre quiere que actuemos ante él. Lo más recomendado es tratar de seguir el ejemplo de Jesús, que nos dejó el modelo perfecto del hombre.

101. Aquí está el misterio de la fe. Si crees en las fuerzas espirituales del bien, crees en mí y en mi padre. Estamos en conjunto la fuerza que coordina los universos con autoridad, poder y soberanía. Nada se sale de nuestro control, incluso cuando el hombre se siente grande. Nada puede derrotarnos o a nuestros sirvientes. Somos la piedra inicial de todo lo que existe y buscamos hombres comprometidos con nuestra causa. Ven a ser parte de esta realidad espiritual.

102. ¿Sientes hambre y sed? ¿Te sientes inquieto, perturbado y malentendido? ¿Te sientes inseguro e infeliz? La solución a todos estos problemas está en mi padre y yo. Nuestras leyes y mandamientos son verdaderos ali-

mentos, bebidas y paz para tu alma. No temáis en las tinieblas, la traición, el mal y la maldad de los hombres, porque delante de vosotros, el cordero de Israel. Soy el rey de reyes y Señor de los Señores, y nada me lleva al poder. Créeme, en mi bondad y misericordia. ¿Haz tu parte y te bendeciré?

103. Encuentra el amor. "Encuentra amar a Dios, a tu familia y a la siguiente sin esperar a que sé recíproca. He aquí, el amor y la caridad pueden borrar cualquier tipo de pecado, por más severo que sea. Siempre el amor y sin medidas. De esta manera, serás realmente mi hijo.

104. Sabe tratar con las críticas tan difíciles como son. Trate de extraer algo positivo de las palabras que lastiman tu alma dolorosamente. Esto es parte de su proceso maduro y evolución como ser humano y profesional. No aceptes que pises tu dignidad o que seas injusta con tu trabajo realizado.

105. Siga realizando sus trabajos diarios sin mayores preocupaciones. Si estás haciendo lo correcto, no tienes nada de qué preocuparte. Te prometo que la ayuda en los buenos tiem-

pos y en los malos, de tal manera que las lenguas heridas no dañan tu vida. Por cierto, ni siquiera te importan. Buscan en la vida del otro el resplandor que no pertenece a la suya. Son dignos de tu sincera lástima.

106. No te molestes con el error. Viene a mostrar sus fallas, y depende de ti arreglarlas para que algo similar no vuelva a suceder. Los errores conducen a la derecha.

107. En un apuro, trate de desahogarse y regalar tus sentimientos. Esto es completamente saludable, y le hará bien a su alma. Nunca guardes en tu corazón lo que es malo y lo que te trae tristeza.

108. Ten piedad de socialmente marginados. Algunos ejemplos de estos son los vagabundos, la calle más pequeña, los huérfanos, los drogadictos y las prostitutas. Trate de ayudarlos de alguna manera, materialmente o espiritualmente. Sin embargo, el más astuto que se aprovecha de nuestra buena voluntad para aprovechar. Para esto, ruega Dios te dé algo de sentido.

109. Sea persistente en la oración, buscando contactar a Dios en tiempos programados o en

caso de necesidad en cualquier lugar. Siempre estará dispuesto a escucharte y ayudarte de la mejor manera.

110. aprender la ley de la vida y enseñar a los jóvenes. Trata de demostrar el reino de Dios y sus implicaciones en la vida cotidiana, aterrador que siempre vale ser un hombre bueno y honesto.

111. Maldito sea quien hable mal de ti o de los seres de luz en cualquier grado. El Señor Dios es bueno y justo, demostrando a través de sus obras. Es un padre de verdad porque da sol y lluvia para bien y para mal. Ahora, agradecerle por todo lo bueno que pasó en su vida y nunca atribuya cosas malas a su acción.

112. Corre de las trampas de tu mente. No siempre lo que creemos, es verdad. Tenemos que analizar todo fríamente para que podamos juzgar un caso con justicia.

113. La esencia del bien consiste en el amor, la misericordia, la generosidad, la generosidad, la generosidad, la generosidad, la generosidad, la paz, la protección y la comprensión.

La esencia de la sabiduría es escuchar a la siguiente y entender sus razones.

114. Estamos hechos de polvo y para él, volveremos. ¿Por qué muchos llevan un orgullo como si fueran invulnerables e inalcanzables? Reconoced vuestro pequeño y actuad para que el Señor os proteja de todo mal. Para hacer el bien.

115. Todas las cosas siguen una orden anterior. Para cada persona, un talento específico y una misión que puede depender de ti. De la misma manera, los regalos se distribuyen según lo que se merece cada uno.

116. Ser miserable por su pobreza de espíritu, por su avaricia y su orgullo. A cambio, ser hermoso a través de tu generosidad, ternura y amor.

117. Deja de molestar a mi padre todos los días por su drama personal. No seas egoísta, pide tu siguiente, Dios mirará tus problemas.

118. conoce el buen trabajo y el benefactor. Agradece todo lo que Dios les ha dado en el presente para construir un futuro hermoso.

119. La verdadera religión son buenas obras y ac-

titudes. Ellos son los que te van a acreditar en mi reino.

120. Gracias a Dios requiere un gran esfuerzo. Cuando cometimos un error, es una gran oportunidad para analizar nuestros proyectos y obtener las posibles soluciones. Reconocer el pecado es el primer paso para el perdón y la consiguiente remisión.

121. La condena del hombre es querer ser como el creador, volviéndose autosuficiente. Tienes que admitir que vinimos del polvo y para él, volvimos. Todas las personas están sometidas a enfermedades, accidentes, errores y desgracias. ¿Entonces por qué querer ser grande sin ser realmente él? Seamos humildes y busquemos cumplir la palabra del Señor.

122. El secreto de la felicidad consiste en no tener mucha expectativa hacia los demás y tratar de vivir en la línea honesta de honor. Los justos siempre serán bendecidos.

123. Todas las formas de vida vienen del creador. Por eso, no ve razón para discriminar a nadie. Somos iguales ante ustedes en todos los sentidos.

124. Eres soberano en todo el universo. Podemos ver este trabajo del creador en los elementos y criaturas que componen el mundo visible e invisible. A través de él, podemos admirar al verdadero benefactor de todo.
125. Observando la naturaleza y sus leyes naturales, podemos concluir que somos parte de un todo más grande."
126. Sea observador, pero trate de no interferir con el otro.
127. Dar limosna a los que realmente la necesitan. No dejes que te engañen los inteligentes del mundo que usan su amabilidad para sacar ventajas. Este crimen se llama malversación.
128. Dios está en todas partes y especialmente en la gente buena. Conoce tu voluntad soberana sobre tu vida, colaborando para un planeta donde la gente es más humana.
129. Mi misericordia, bondad y comprensión son insondables. No temas mi ira, hazlo para que tus buenas obras rediman tus errores.
130. Ser sublime es ser político en el camino de tratar a la gente es perdonar al siguiente, aunque no lo merezca, es amar y ser amado

en un mundo cada vez más lleno de maldad, es siempre creer en un buen futuro cuando trabajas en el presente. Ser sublime también trabaja todos los días con honestidad, honorable y dignidad para fortalecer el vínculo familiar. Ser sublime es ser simple porque sólo estos heredarán la mejor posición en el reino de mi padre.

131. Nacido, vivo y muere. Otoño, verano, primavera e invierno. Todo esto son fases, y en cada una de ellas debemos saber que comportarnos objetivamente, plenamente exitosos.

132. En este mundo y en el siguiente, sólo obtenemos exactamente lo que merecemos.

133. Si quieres ser el más grande, sigue mi cruz y hazte siervo de tu prójimo, porque la realeza viene de pequeño.

134. Deja de excusas para ti mismo. Intenta integrarte a una buena religiosidad de tal manera que tus acciones sean un reflejo de lo que crees. Larga vida a tu autenticidad.

135. Deja de culparme por tus errores. Haga un análisis de criterios de su trayectoria y todas sus acciones. Llegará un momento en que

descubrirás que eres el único responsable de tus victorias y derrotas. Digamos que soy tu partidario.

136. Aléjate de cualquier tipo de droga. Además de causar dependencia, este tipo de cosas te da un falso sentido de ser feliz.

137. Cada uno debe hacer su parte por su progreso personal y mundial. Actuando como equipo, podemos lograr victorias consistentes.

138. Debemos revitalizar y controlar nuestras emociones de tal manera que no nos lastimemos mutuamente. Sin embargo, para que lleguemos a esta pasantía es necesario conocimiento de ti mismo y de la mitad circundante.

139. Siga mi ejemplo de que la tierra sea bendecida y la vida permanece por mucho tiempo.

140. Incluso si el hombre vive en palacio actuando en posición de rey, nada será delante de Dios si no puede guardar el amor, la caridad y el honor. Lo que salva al alma del hombre son sus buenas obras y valores. Por lo tanto, el poder, la influencia y la riqueza no significan nada ante el Creador.

141. Continúe viviendo. No dejes que la tristeza y el rencor te muerdan el corazón en ningún momento. Si el otro te lastima, perdona por tu propio bien. Sigue tu vida buscando lograr un buen trabajo en cada esfera posible.
142. buscar la educación como fuente primaria de sabiduría. Sin él, nada se construye, nada progresa. En lugar de dejarlo como herencia de bienes materiales, déjelo como herencia a sus hijos.
143. No pasa nada por casualidad. Cada persona que entra en tu vida lo hace por alguna razón. Trata de entender los signos del destino para construir un paseo feliz.
144. No use perder su precioso tiempo con personas que no lo merecen. Aléjate de la oscuridad y reúnete alrededor de tus pensamientos y elementos positivos. Lo bueno atrae bien.
145. Excluir su vida los malos tiempos, las malas influencias, la envidia, la perversión, la persecución, la tristeza. Amar más, dar más, creer más en ti y en Dios, siempre teniendo un punto de vista positivo incluso con hechos malos. ¡Hurra!

146. Haz de tal manera que tus actitudes y palabras influyan positivamente a los demás. "'
147. Trate de no aislarte. El hombre es un ser social que depende del otro para sobrevivir.
148. Sed claros en sus observaciones, sin dejar la costa para interpretaciones falsas.
149. Siempre sea optimista, nunca renunciar a tus sueños.

Parte II

El sentido de la vida

Tonto es el que busca incesantemente encontrar un significado para la vida. A pesar de todos sus esfuerzos, perderás tiempo, dinero, y aún producirás estrés y cansancio mental. Simplemente porque no hay explicación para la existencia. Mientras tanto, el hombre debería preocuparse por otras cosas más pertinentes. Establecer proyectos y sueños. Encuéntralos sin dañar a nadie. Aliados a ella, promueve el bien y la caridad. Cuando el hombre se rinde en manos de Dios, sus deseos y aspiraciones se cumplen. Esa es la lógica de cultivos, o la Ley de retorno. Esta es la ley más importante visible para los humanos. Así que nunca digas la mala voluntad de Dios. Fuiste tú con las manos equivocadas, y ahora estás cosechando los daños. Somos nuestros jueces.

La situación actual

La codicia, la envidia, la sed de justicia, la incomprensión, el desastre, la competencia, el contento, el irrespeto y la intolerancia hicieron a los hombres menos humanos. Tanto que no hay pureza en la faz de la tierra. O pocos buenos restantes son los que permanecen felices. El bienestar es directamente proporcional a la bondad, la honestidad, el amor, la generosidad y la fe en Dios. Siendo buenos, todos tus planes serán bendecidos por la deidad. Incluso los malos, siempre hay una oportunidad de empezar de nuevo. Porque Dios es el padre de todos.

Reconoce a ti mismo, hombrecito

¿Quién soy? ¿No vine del polvo? ¿Tampoco volveré con él? Debemos meditar en este máximo para crecer la humildad en cada ocasión. El hombre es grande para sus actitudes y obras. Inmediatamente, se convirtió en un instrumento divino. El bien no atribuye a un nombre. Es una manifestación del creador entre los mortales. A través de nosotros, la escritura de la vida está tomando forma. Todo está escrito y debe suceder.

El mal produce más y más odio e infelicidad. Los que están ocupados lastimándose son verdaderos gusanos humanos. Son verdaderos hijos de Satanás, el ángel caído. Para nosotros hijos de Dios, todo queda por pedir protección contra los seres de la luz. Con la compañía de Alá, no temeremos mal. Aunque camine por el valle oscuro, con su arte. Si tenemos mil oponentes, Dios nos envía diez mil en nuestra protección. El bien es más fuerte y siempre prevalecerá mientras nos rindamos a tu voluntad y compañía.

El destino

La vida nos lleva a circunstancias inesperadas. En nuestro tiempo en la Tierra, vivimos en dolor, tristezas, alegrías, decepciones, logros, lo que significa situaciones dicotomías. Cada uno de estos eventos, nos va a fortalecer y prepararnos para los hechos posteriores. Un corazón puro se vuelve maduro. Aun así, no somos dueños de tu nariz. A veces las cosas pasan de tal manera que nos hace tomar decisiones importantes. A menudo, un sueño reemplaza a otro. A esta fuerza mayor, llamo destino o predestinación. Todas estas fuerzas son ordenadas por un poder superior que sólo quiere nuestro bien. Podrías decir que eso es algo bueno.

La compañía de los Ángeles

Los ángeles son nuestros compañeros de viaje en la Tierra. Intuitivamente, sugieren buenas obras y pensamientos. Frente a los peligros, nos ayudan. En asuntos difíciles, nos aconsejan. Deberías saber hablar con tu ángel, mejor entendiendo la voluntad de Dios. Seguramente, esta asociación será más fructífera.

Fin

www.ingramcontent.com/pod-product-compliance
Lightning Source LLC
LaVergne TN
LVHW020442080526
838202LV00055B/5310